Succession de M X*** (Morange)

OBJETS D'ART

ET

D'AMEUBLEMENT

BIJOUX

GRAVURES

Succession de Mlle X***

OBJETS D'ART

ET

D'AMEUBLEMENT

BIJOUX

GRAVURES

CONDITIONS DE LA VENTE

Elle sera faite au comptant.

Les acquéreurs paieront *dix pour cent* en sus des enchères.

L'exposition mettant le public à même de se rendre compte de l'état de conservation des objets, il ne sera admis aucune réclamation une fois l'adjudication prononcée.

Paris. — Imp. Georges Petit, 12, rue Godot-de-Mauroi. — 22.814-15.

CATALOGUE

DES

BIJOUX

Gros Collier de 45 Perles d'Orient

ORFÈVRERIE

Tableaux, Pastels, Dessins

GRAVURES

OBJETS D'ART & D'AMEUBLEMENT

Miniatures -- Boites -- Objets variés

PORCELAINES

PENDULES — BRONZES

Mobilier de Salon en ancienne tapisserie

SIÈGES & MEUBLES

Piano-crapaud — Tapis

DENTELLES — FOURRURES — ÉTOFFES

Tapisseries du XVIIIe siècle

DONT LA VENTE, PAR SUITE DU DÉCÈS DE Mlle X***

AURA LIEU A PARIS

HOTEL DROUOT, Salles Nos 9, 10 & 11

Du Lundi 3 Mars au Vendredi 7 Mars 1913 inclus, à 2 heures

COMMISSAIRES-PRISEURS

Me LAIR-DUBREUIL 6, rue Favart, 6	**Me A. DESVOUGES** 26, rue Grange-Batelière, 26

EXPERTS

Pour les Bijoux :

M. FALKENBERG 6, rue Lafayette, 6	**M. ROBERT LINZELER** 9, rue d'Argenson, 9

Pour les Objets d'art et les Gravures :

MM. MANNHEIM 7, rue Saint-Georges, 7	**MM. PAULME & B. LASQUIN fils** 10, rue Chauchat — rue Grange-Batelière, 11	**M. DELTEIL** 2, rue des Beaux-Arts, 2

EXPOSITIONS

PARTICULIÈRE : *Le Samedi 1er Mars 1913, de 1 heure 1/2 à 6 heures.*

PUBLIQUE : *Le Dimanche 2 Mars 1913, de 1 heure 1/2 à 6 heures.*

Entrée par la rue Grange-Batelière.

ORDRE DES VACATIONS

Le Lundi 3 Mars 1913

	Numéros
Bijoux	1 à 67

Le Mardi 4 Mars 1913

Orfèvrerie	68 à 144
Gravures	145 à 184

Le Mercredi 5 Mars 1913

Tableaux, Pastels, Dessins	185 à 207
Porcelaines	208 à 272
Éventails	329 à 339

Le Jeudi 6 Mars 1913

Miniatures, Boites	273 à 328
Objets divers	340 à 359
Sièges	390 à 403
Fourrures, Dentelles	455 à 479

Le Vendredi 7 Mars 1913

Pendules, Bronzes	360 à 381
Meubles, Piano	404 à 454
Meubles garnis de tapisserie	382 à 389
Etoffes, Tapisseries, Tapis	480 à 505

DÉSIGNATION

BIJOUX

1 — COLLIER formé d'un rang de 45 perles d'Orient, fermoir brillant.

Poids : 794 grains 88.

2 — COLLIER de six rangs de 628 perles fines.

3 — CHAINE de cou en perles montées sur platine portant une plaque ronde pavée de brillants et ornée d'une perle au centre.

4 — BAGUE formée d'un très gros brillant blanc.

5 — BAGUE formée d'une grosse perle blanche.

6 — COLLIER formé d'une chaine en rubis calibrés, auquel est suspendu un cœur formé d'un gros brillant entouré de rubis.

7 — SAUTOIR de petites perles enfilées sur platine.

8 — BROCHE formée d'une émeraude cabochon, entourée de douze brillants et terminée par quatre brillants formant barrette, avec pendeloque formée d'une grosse perle poire.

9 — DEUX FOURCHES écaille, monture ajourée, guirlandes de lauriers, garnies de brillants et de roses.

10 — Broche nœud, formée de bandes de brillants et de bandes d'émeraudes.

11 — Nécessaire or, entièrement pavé de losanges en perles entourées de roses; fermoir émeraude.

12 — Une paire de boucles d'oreilles, formée de deux brillants supportés par une chaine de brillants.

13 — Une paire de boucles d'oreilles, formée de deux saphirs poires entourés de brillants, supportés par une chaine de brillants.

14 — Sautoir en platine, orné de motifs brillants et perles.

15 — Peigne écaille blonde, garni d'une grecque ornée de roses.

16 — Bague en or portant un rubis cabochon clair.

17 — Bague en or formée d'un serpent dont la tête est ornée d'un rubis.

18 — Bague formée d'une perle plate entourée de roses.

19 — Deux boutons de chemise perles.

20 — Trois perles sur fils.

Poids : 23 grains 42.

21 — Perle rose surmontée d'un brillant formant pendentif.

22 — Deux boutons saphirs cabochons entourés de roses.

23 — Broche formée d'un pavé de demi-perles entouré d'un rang de perles et de roses; au centre, un entrelacs d'émeraudes et de turquoises.

24 — Broche formée d'une bague ancienne, en émail, représentant un amour entouré de brillants.

25 — Broche formée de deux cercles pavés de rubis et de roses, entourés de brillants sur lesquels sont posés trois perles et six brillants.

26 — Bracelet formé d'une bande brillants entre deux bandes émeraudes.

27 — Bracelet formé d'une bande brillants entre deux bandes rubis.

28 — Bracelet fait d'une bande de saphirs calibrés.

29 — Bracelet formé d'une bande de petites perles réunies par deux agrafes brillants et roses.

30 — Bracelet velours orné d'une applique ajourée ornée de brillants et roses.

31 — Deux bracelets formés d'un cercle de perles et de deux bandes de brillants coulissant.

32 — Bracelet jonc or.

33 — Deux bracelets extensibles, en or.

34 — Morceau de collier formé d'une chaine platine et brillants.

35 — Boucle de collier en brillants.

36 — Nécessaire en or à résilles de diamants.

37 — Six sacs en étoffe avec fermoir et deux carnets.

38 — Sac, monture or, brillants et saphirs cabochons.

39 — Sac en or et platine, enrichi de perles.

40 — Montre en or émaillé, garnie de saphirs, dans un bracelet cuir.

41 — Montre, enfermée dans une pièce ouvrante de Louis XVI, entourée de trois cercles de roses.

42 — Épingle a chapeau, soufflure de perle blanche montée de roses et de saphirs.

43 — Épingle a chapeau, soufflure de perle blanche montée de roses.

44 — Épingle a chapeau, soufflure de perle grise montée en argent.

45 — Glace ronde, en or, ornée d'une mouche et d'un trèfle en pierres diverses et en roses.

46 — Parure composée d'une paire de boutons de manchettes et trois boutons de chemise platine, portant au centre un brillant.

47 — Pendentif en émail bleu, garni d'une fleurette, de cercles et de rubans, pavés de brillants et de roses.

48 — Quatre boutons de robe et une boucle en or et galuchat.

49 — Pomme d'ombrelle en or, contenant des parties décorées de médaillons et de bandes émaillées, enrichies de saphirs et d'émeraudes et portant sur le dessus une montre entourée d'un cercle de roses.

50 — Petite cassolette a parfums, portant émaillée la devise : « Rien sans vous ».

51 — Morceau de pendentif formé de deux nœuds et d'une couronne de lauriers brillants et roses, petite chaine platine.

52 — Breloque en forme d'automobile, ornée de roses.

53 — Deux breloques, l'une formée d'une silhouette et l'autre d'un chapeau de Napoléon, enrichi de roses.

54 — Médaillon en or.

55 — Deux breloques, l'une formée d'un cochon et l'autre d'un âne orné de roses.

56 — Breloque en formé du chapeau de Napoléon, en roses.

57 — Alliance en or.

58 — Alliance en or.

59 — Briquet en or de couleur.

60 — Lot de débris de platine.

61 — Nécessaire argent émaillé.

62 — Œuf émaillé avec montre intérieure.

63 — Nécessaire en argent doré, portant une médaille de Napoléon à cheval.

64 — Montre-boutonnière en acier.

65 — Quatre breloques argent.

66 — Breloque comprenant : un louis d'or ouvrant, orné de roses et d'un trèfle en rubis ; un pantin or et roses ; un arrosoir roses et rubis ; un cœur avec une devise émaillée et rubans ornés de roses.

67 — Deux débris montés de brillants, un brillant, une perle.

ORFÈVRERIE

68 — Seau à rafraichir, cristal et métal argenté.

69 — Broc à champagne, cristal et métal argenté.

70 — Deux jardinières ovales, sur pied de style Louis XVI, le corps godronné, le pied à guirlandes en argent.

71 — Coffre en chêne contenant : six couverts table argent, six couverts dessert argent, six couteaux dessert nacre, lames acier; six couteaux dessert nacre, lame argent, de style Empire.

72 — Coffre en chêne contenant : douze cuilliers table en argent, vingt-quatre fourchettes, une louche, quatre pièces hors-d'œuvre, douze couverts poisson, vingt-quatre couteaux table manche argent, douze couteaux dessert, manches nacre, lames acier; douze couteaux dessert, manches nacre, lames argent; quatre pièces bonbons, une pince sucre, une cuiller fraises, une cuiller sucre, une pelle gâteaux, un couvert salade, une pelle asperges, un service poisson, une cuiller sauce, douze fourchettes huitres, douze couverts dessert, douze cuillers café, douze pelles glace, un service glace, une paire ciseaux raisins, de style Empire.

73 — Deux vases en cristal, garnis de vermeil, de style Empire.

74 — Petit surtout glace, garni d'une bordure lauriers vermeil, supportant une petite corbeille cristal et vermeil.

75 — Surtout en trois parties, glace et argent, de style Empire.

76 — Quatre porte-menus en argent, formés d'un aigle style Empire.

77 — Six porte-menus animaux découpés en vermeil.

78 — Douze couverts dessert nacre et vermeil de style Empire, une cuiller confiture vermeil.

79 — Deux vases en argent décorés de fleurs.

80 — Service a thé Louis XVI, dix tasses, composé de : une cafetière, une théière, un sucrier, un crémier, une fontaine en vermeil, un passe-thé et un plateau en métal doré.

81 — Passe-thé sur manche, filets rubans.

82 — Plateau perles, deux burettes en argent.

83 — Cafetière d'époque Restauration, bec tête de bélier.

84 — Quatre salières, quatre pelles sel style Louis XV.

85 — Six coquetiers lauriers sur pied.

86 — Deux coquetiers, deux cuillers œuf.

87 — Douze tasses café porcelaine et vermeil et douze cuillers café vermeil style Empire.

88 — Deux assiettes à gateaux bordure molette, quatre patins.

89 — Porte-bouquet en argent trois pieds tête de bélier.

90 — Huilier d'époque Louis XVI vieux Paris, burettes en cristal.

91 — Plateau et deux burettes d'église d'époque Restauration.

92 — Rafraichissoir cristal et vermeil.

93 — Cachet vermeil.

94 — Étui à cire en argent.

95 — Boite à cartes vermeil.

96 — Bonbonnière cristal et vermeil.

97 — Bracelet en filigrane de cuivre avec pierres.

98 — Service en argent à pans, composé de : une cafetière, une théière, un sucrier, un crémier, huit tasses, style Empire.

99 — Service en argent, composé de : une cafetière, une théière, un sucrier, un crémier, 4 tasses filets rubans, style Louis XVI.

100 — Petite écuelle et son plateau, en argent, deux anses têtes d'aigles, d'époque Empire.

101 — Deux tasses déjeuner, en argent, décor rocailles avec écusson.

102 — Saucière en argent, d'époque Empire.

103 — Légumier à couvercle en argent, de style Empire ; deux anses.

104 — Petite saucière Louis XV, en argent.

105 — Petite chocolatière en argent, trois tasses, ciselée de feuilles d'eau et de lambrequins.

106 — Écrin de six moussoirs à champagne, en vermeil.

107 — Chocolatière, vermeil, Louis XIV, huit tasses.

108 — Six soucoupes à beurre et six couteaux à beurre, filets rubans.

109 — Six soucoupes à beurre et six couteaux à beurre, filets rubans.

110 — Deux plats ronds de 30 centimètres, style Empire, moulure plate.

111 — Deux plats ronds de 32 centimètres, style Empire, moulure plate.

112 — Deux plats ovales de 45 centimètres, style Empire, moulure plate.

113 — Plat rond de 30 centimètres, style Louis XVI, rubans.

114 — Plat rond de 33 centimètres, style Louis XVI, rubans.

115 — Plat ovale de 42 centimètres, style Louis XVI, rubans.

116 — Plat ovale de 45 centimètres, style Louis XVI, rubans.

117-118 — Quatre carafes à vin, cristal et vermeil.

119 — Sucrier d'époque Restauration, cristal bleu, couvercle avec cygne.

120 — Deux douzaines d'assiettes de table, une douzaine d'assiettes à dessert, bordure lauriers, en argent.

121 — Corbeille à pain en argent, Louis XVI, rubans, guirlandes ciselées.

122 — Plat rond en argent, bordure moletée, 30 centimètres.

123 — Plat carré en argent, bordure moletée godrons, avec pied.

124 — Dix porte-couteaux chimères en argent.

125 — Quatre salières cérébos cristal et argent.

126 — Poivrier de style Louis XV, en argent.

127 — Moutardier et cuillier moutarde en argent, style Louis XVI.

128 — Paire de candélabres style Empire, cinq branches, six lumières, en argent. Haut., 50 centimètres.

129 — Deux petits bouts de table vermeil, trois lumières, de style Louis XVI.

130 — Verre d'eau cristal et argent, Louis XIV : un plateau, une carafe, un carafon, un sucrier, un verre, une cuiller.

131 — Pendulette borne argent, de Bréguet.

132 — Douze bols en cristal et vermeil, style Empire.

133 — Petit plateau à lettres triangulaire, style Louis XV.

134 — Un encrier, deux godets et un buvard en écaille et vermeil, et un porte-plume écaille et rubis.

135 — Encrier cristal, bouchon argent moleté.

136 — Flaconnier composé de : quatre flacons et une boite à poudre cristal et vermeil.

137 — Pendulette émail bleu sur vermeil.

138 — Garniture de toilette, composée de trente-trois pièces écaille blonde.

139 — Garniture de toilette, composée de vingt-six pièces écaille brune.

140 — Service de toilette composé de : quatre flacons, une boite poudre, une boite opiat, une boite poudre carrée, une boite brosses, cristal et couvercle argent, modèle à filets.

141 — Un flaconnier, trois flacons cristal vermeil guilloché.

142 — Sac de voyage cuir vert, garni de : trois flacons, une gourde, un vaporisateur, deux boites poudre, une boite pâte, cristal et vermeil, une brosse tête, une brosse poudre, un onglier, une brosse habits, une brosse chapeau écaille brune.

143 — Petit sac de voyage maroquin, garni de : quatre flacons, une boite à savon, un encrier, une boite d'allumettes, une boite à bijoux, un canif, une boite brosse, montés en or : une boite poudre, une brosse à ongles, une brosse à cheveux, une brosse à habits, un peigne écaille blonde.

144 — Deux flacons, une boite savon, une boite poudre cristal et argent, dépareillés.

GRAVURES

ANSELL (D'après C.)

145 — *English Dressing Room. — French Dressing Room.*

Deux pièces par P.-W. Tomkins, se faisant pendants. Très belles épreuves, *imprimées en couleurs* (filet de marge).

AUBERT (Chez)

146 — *La Jardinière difficile.*

Très belle épreuve, *imprimée en couleurs.*

BOILLY (D'après L.)

147 — *La Douce Résistance. — On la tire aujourd'hui.*

Deux pièces par S. Tresca, se faisant pendants. Très belles épreuves, *imprimées en couleurs* (légère restauration à la première).

148 — *Les Enfants soldats. — La Petite Coquette.*

Deux pièces par J.-M. Gudin, se faisant pendants. Très belles épreuves, *imprimées en couleurs*, avec rehauts et restaurations.

BONNET (L.-M.)

149 — *The Amiable Family. — The Amiable Society.*

Deux pièces d'après Ramberg, se faisant pendants. Belles épreuves, *imprimées en couleurs* (très légères cassures et restaurations).

CARESME (D'après Ph.)

150 — *L'Agréable Exemple. — L'Agréable Surprise.*

Deux pièces par Jubier, se faisant pendants. Très belles épreuves, ***imprimées en couleurs***, avec rehauts.

151 — *La Nymphe corrigée (1780).*

Trait rehaussé.

DEBUCOURT (P.-L.)

152 — *La Croisée (28).*

Belle épreuve, *imprimée en couleurs* et rehaussée (légères restaurations).

DEMARTEAU (G.)

153 — *Bacchantes et Amours.*

D'après Le Barbier l'Aîné (nos 423-424). Deux pièces se faisant pendants. Très belles épreuves tirées en trois tons (très légères restaurations et peut-être doublées).

154 — *Grande Pastorale.*

D'après J.-B. Huet (no 616). Superbe épreuve *imprimée en couleurs.*

DESRAIS (D'après C.-L.)

155 — *Le Controleur des toilettes.*

Par J.-M. Mixelle. Superbe épreuve, ***imprimée en couleurs.***

156 — *La Femme trompée. — La Femme vengée.*

Deux pièces se faisant pendants. Très belles épreuves, ***imprimées en couleurs*** (une remmargée sur trois côtés).

ÉCOLE FRANÇAISE (Premier Empire)

157 — *Viens tout seul. — Viens avec maman.*

Deux pièces. Très belles épreuves, tirées en deux tons.

FRAGONARD (D'après Honoré)

158 — *Les Hazards heureux de l'Escarpolette.*

Par N. De Launay. Superbe épreuve *avec la faute* au mot : Escarpolettes.

159 — *Ma chemise brûle !*

Par Aug. Legrand. Très belle épreuve (légère épidermure).

GÉRARD (D'après Mlle Marguerite)

160 — *Le Triomphe de Minette.*

Par G. Vidal. Très belle épreuve *imprimée en couleurs* ; légers rehauts.

HOPPNER (D'après)

161 — *Domestic Happiness.*

Par J. Young. Très belle épreuve, *imprimée en couleurs* et rehaussée.

HUET (D'après J.-B.).

162 — *Le Départ d'une Foire.*

Par Jubier. Très belle épreuve, *imprimée en couleurs* ; légers rehauts.

163 — *Le Marchand de poissons.*

Par Jubier. Très belle épreuve, *imprimée en couleurs.*

HUET (D'après J.-B.)

164 — *Vénus sur les eaux.*

Par L.-M. Bonnet. Très belle épreuve, *imprimée en couleurs.*

165 — *Les Laveuses. — Vue d'une Fontaine publique.*

Deux pièces par Jubier, se faisant pendants. Très belles épreuves, *imprimées en couleurs* (légère restauration dans le coin supérieur gauche de la première).

166 — *Paysages.*

Deux pièces. Belles épreuves, *imprimées en couleurs*, avec rehauts (grattages dans la marge inférieure).

167 — *Sujets gracieux.*

Deux petites pièces de forme ovale, par Dearnwès, se faisant pendants. Belles épreuves, *imprimées en couleurs* (filet de marge).

HUET-VILLIERS (D'après)

168 — *Mlle Q.*

Par Blake. Belle épreuve, tirée en deux tons et rehaussée.

JANINET (J.-F.)

169 — *La Compagne de Pomone. — La Réunion des Plaisirs.*

Deux pièces d'après Le Clerc, se faisant pendants. Belles épreuves, *imprimées en couleurs.*

170 — *Réveil de Vénus. — Sommeil de Vénus.*

Deux petites pièces, d'après Charlier, de forme ovale. Belles épreuves, *imprimées en couleurs*, la seconde *avant toute lettre.*

KAUFFMAN (D'après Angelica)

171 — *Colin-Maillard.*

Épreuve sans marge.

MORLAND (D'après G.)

172 — *Children gathering black-berries.* — *Children Fishing.*

Deux pièces par DAWE, se faisant pendants. Très belles épreuves, *imprimées en couleurs*, avec rehauts.

173 — *Rural Amusement.* — *Rustic Employement.*

Deux pièces, par J.-R. SMITH, se faisant pendants. Belles épreuves, *imprimées en couleurs* et rehaussées (sans marges).

NORTHCOTE (D'après JAMES)

174 — *A young Lady encouraging the Low Comedian.*

Par W. WARD. Très belle épreuve, *imprimée en couleurs* et rehaussée (très légères cassures). Remargée.

REGNAULT (N.-F.)

175 — *Le Bain.*

D'après P.-A. BAUDOUIN.

Le Lever.

Deux pièces se faisant pendants. Très belles épreuves, *imprimées en couleurs.*

REYNOLDS (D'après Sir JOSHUA)

176 — *Philip Yorke enfant.*

Par BARTOLOZZI. Très belle épreuve (petite restauration).

Francis George Hare.

Par R. THEW (rognée sur trois côtés).

SINGLETON (D'après)

177 — *Gipsey's stealing a Child.* — *The Child restored.*

Deux pièces par MEADOWS, se faisant pendants. Très belles épreuves, *imprimées en couleurs* et rehaussées.

STOCKER (D'après)

178 — *Duchesse de Rutland.*

Par Stanier. Très belle épreuve, *imprimée en couleurs*, légers rehauts.

STOTHARD (D'après)

179 — *La Princesse de Galles, en pied.*

Par J. Murphy. Belle épreuve (rognée sur trois côtés).

TAUNAY (D'après)

180 — *Foire de village.* — *Noce de village.*

Deux pièces par C.-M. Descourtis, réductions, se faisant pendants. Très belles épreuves, *coloriées.*

WATTEAU (D'après Ant.)

181 — *Sujets gracieux.*

Deux pièces formant pendants.

WARD (D'après James)

182 — *Compassionate Children.* — *Hay Makers.*

Deux pièces par W. Ward, se faisant pendants. Très belles épreuves, *imprimées en couleurs* et rehaussées (légères cassures et restaurations).

183 — *The Citizens Retreat.*

Par W. Ward. Très belle épreuve, *coloriée* (restaurations).

---

184 — Sous ce numéro, il sera vendu quelques estampes ou dessins non catalogués.

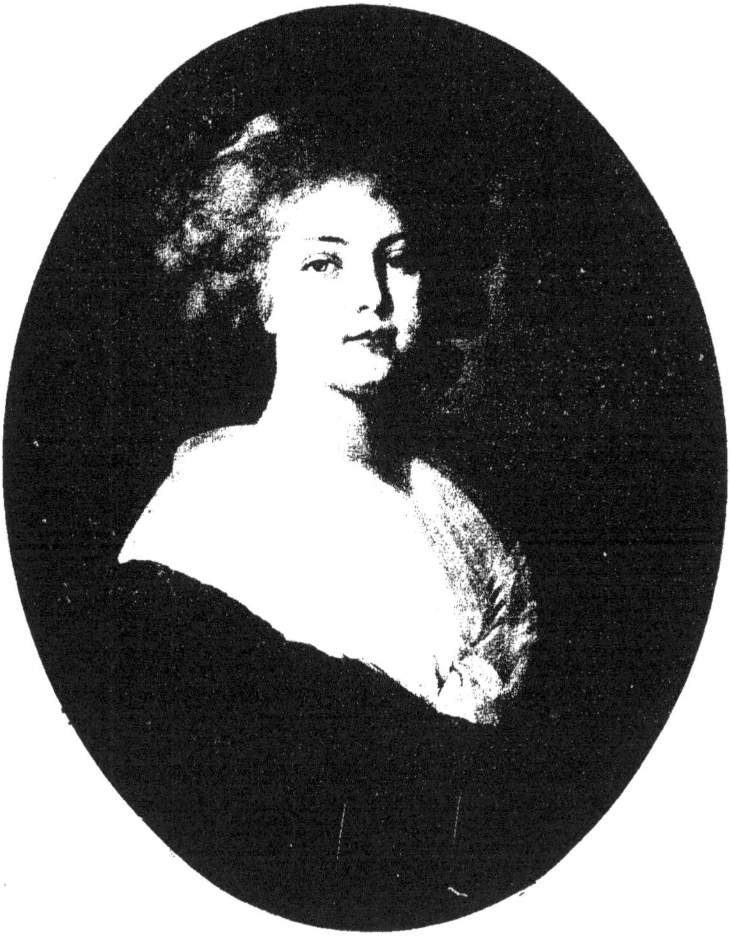

N° 185

TABLEAUX

PASTELS — DESSINS

DANLOUX (Henri-Pierre) ?

185 — *Portrait présumé de la Marquise de Pange.*

Elle est représentée en buste, de trois quarts à droite, la tête presque de face ; vêtue d'une robe de dentelle noire, à fichu de gaze. Les cheveux, légèrement poudrés et bouclés, sont séparés par un ruban bleu, et encadrent son visage.

Toile de forme ovale. Haut., 73 cent. ; larg., 59 cent.

DOLDIER (H.)

186 — *Cerf et faons sur un terrain de manœuvre de cavalerie, à la lisière d'un bois.*

Aquarelle signée.

DOLDIER (H.)

187 — *Peloton de dragons en manœuvre.*

Aquarelle signée.

DOLDIER (H.)

188 — *Hussards en reconnaissance dans un bois.*

Aquarelle signée.

ÉCOLE FRANÇAISE (xvie siècle)

189 — *Portrait de femme.*

En buste, coiffe blanche, robe doublée de fourrure.

Panneau.

ÉCOLE FRANÇAISE (XVIIe siècle)

190 — *Portrait en buste d'un officier en armure, drapé dans un manteau.*

Toile ovale.
Cadre en bois sculpté doré.

ÉCOLE FRANÇAISE (XVIIIe siècle)

191 — *Jeux d'amours.*

Deux dessus de porte, en grisaille.

Toile. Haut., 60 cent.; larg., 1 m. 45.

ÉCOLE FRANÇAISE (XVIIIe siècle)

192 — *Amours et chien lévrier.* — *Amours à la flèche.*

Deux dessus de porte, en grisaille, faisant pendants.

Toile. Haut., 59 cent.; larg., 74 cent.

ÉCOLE FRANÇAISE

193 — *Sujet mythologique.*

Composition en forme de dessus de porte.
Toile.

ÉCOLE FRANÇAISE

194 — *Vases de fleurs.*

Trois toiles ovales.

ÉCOLE FRANÇAISE

195 — *Jeune Fille, en buste, tenant un feuillet de musique.*

Pastel ovale.

ÉCOLE FRANÇAISE

196 — *Portrait de femme.*

En robe noire et rose, ornée de perles, et collier avec pendentif.

Panneau.

ÉCOLE FRANÇAISE

197 — *Portrait de femme, en robe brodée à fraise.*

Toile.

ÉCOLE FRANÇAISE

198 — *Faune et bacchantes.*

Dessin à la plume, rehaussé d'aquarelle.

ÉCOLE FRANÇAISE

199 — *Scène champêtre.*

Dessin à la plume, lavé d'aquarelle.

ÉCOLE FRANÇAISE

200 — *Jeune Femme à l'éventail dans un parc.*

Pastel.

ÉCOLE HOLLANDAISE (XVIIe siècle)

201 — *Fillette dans un parc.*

Elle est représentée debout, les cheveux courts et blonds, les jambes et pieds nus. Vêtue d'une robe rose.

Toile. Haut., 1 mètre; larg., 80 cent.

ÉCOLE ITALIENNE

202 — *Le Mariage mystique de sainte Catherine.*

Panneau.

ÉCOLE MODERNE

203 — *Jeune femme rousse étendue à terre dans un parc.*

Toile.

ÉCOLE MODERNE

204 — *Paysage de la campagne romaine.*

Toile marouflée sur panneau.

FRAGONARD (D'après)

850 205 — *Les Baisers.*

Deux petites toiles ovales faisant pendants.

INNOCENTI

206 — *Gentilhomme et jeune fermière dans un intérieur rustique.*

Panneau. Signé.

INNOCENTI

207 — *Jeune femme et homme buvant dans un intérieur.*

Panneau. Signé.

PORCELAINES

208 — Salière ornée d'une figurine de femme, en porcelaine.

209 — Tasse et soucoupe, décor de fleurs en porcelaine genre Mennecy.

210 — Potiche avec couvercle, décor de fleurs et rochers, en porcelaine. Montée en lampe électrique en bronze.

211 — Étui forme poisson, en porcelaine.

212 — Soucoupe ornée de jeux d'enfants, fond bleu. Porcelaine tendre.

213 — Cinq figurines en porcelaine : soldat, amour costumé, fillette au nid, femme orientale et femme en grand costume.

214 — Vase cylindrique avec couvercle, décoré de personnages dans la manière de Téniers. Porcelaine montée bronze.

215 — Deux petits vases à anses têtes de bouc, décor de fleurs. Porcelaine.

216 — Deux petites lampes électriques composées chacune d'un vase en porcelaine, à décor de genre chinois. Monture en bronze.

217 — Petite bouteille à pans, décorée de fleurs en porcelaine genre Chantilly.

218 — Lampe électrique formée d'une potiche avec couvercle, en porcelaine à décor de genre chinois.

219 — Écuelle avec couvercle, décor de personnages et quadrillés à fond vert. Porcelaine.

220 — Tasse droite et soucoupe, décor doré, avec médaillon présentant un buste de femme. Porcelaine dure.

221 — Chien assis, en porcelaine.

222 — Petit cabaret tête-à-tête, en porcelaine, à décor de fleurs.

223 — Biche au galop en porcelaine.

224 — Petite lampe électrique, montée dans une bouteille en porcelaine à décor de fleurs.

225 — Plateau à bord festonné, décoré d'un médaillon contenant un enfant jouant avec un oiseau. Fond à œils-de-perdrix. Porcelaine tendre.

226 — Plateau en forme de losange, en porcelaine tendre décorée d'une réserve contenant des fleurs sur fond bleu à œils-de-perdrix dorés. Monture en bronze.

227 — Petit vase à deux anses, décor de dorure avec rehauts de bleu. Porcelaine tendre portant la marque de Sceaux.

228 — Deux petites potiches en porcelaine du Japon, décor bleu, rouge et or de fleurs.

229 — Deux cornets à pans, décorés de paysages en bleu, en porcelaine de Chine.

230 — Deux petites potiches avec couvercles en porcelaine de Chine, décor à compartiments de fleurs.

231 — Potiche avec couvercle, à décor de branches fleuries en bleu et or sur fond jaune. Porcelaine de Chine, montée en bronze en lampe électrique.

232 — Deux figurines d'enfants agenouillés tenant une coupe. Ancienne porcelaine de Chine, époque Kien-Lung.

233 — Lampe électrique montée dans une potiche, décorée d'ustensiles en ancienne porcelaine de Chine, monture en bronze.

234 — Allume-cigare formé d'un sucrier décoré de fleurs, en ancienne porcelaine de Chine; monture en bronze.

235 — Porte-huilier décoré de fleurs et d'écureuils en bleu, ancienne porcelaine de Chine.

236 — Petit cornet coteló, décoré de vases de fleurs en bleu. Ancienne porcelaine de Chine.

237 — Sucrier ovale, avec couvercle, décoré de fleurs. Ancienne porcelaine d'Allemagne.

238 — Vase avec couvercle, à décor de bouquets de fleurs. Il est muni de deux petites anses se dressant sur l'épaulement. Porcelaine de Furstenberg.

239 — Soupière ovale, avec couvercle, décorée de roses, en porcelaine de Berlin.

240 — Sucrier ovale, avec couvercle et deux petites anses, décor de fleurs. Porcelaine de Berlin.

241 — Hanap-casque, décoré de fleurs et de fruits. Ancienne porcelaine de Berlin.

242 — Pot de crème, avec couvercle, décoré de ruines. Ancienne porcelaine de Louisebourg.

243 — Deux figurines, enfant jouant du flageolet et enfant tenant une corbeille de fruits. Porcelaine de Saxe.

244 — Pot a lait décoré de fleurs en camaïeu vert. Porcelaine de Saxe.

245 — Cinq tasses avec soucoupes, décor de fruits et fleurs. Ancienne porcelaine de Saxe.

246 — Théière avec couvercle, décorée de fruits et de fleurs. Ancienne porcelaine de Saxe.

247 — Vase composé de rocailles et surmonté d'un bouquet de fleurs. Ancienne porcelaine de Saxe.

248 — Partie de groupe : nymphe et jeune bacchant accompagnés d'une chèvre. Ancienne porcelaine de Saxe.

249 — Statuette d'amour assis. Ancienne porcelaine de Saxe.

250 — Groupe : Léda et le cygne, accompagnés d'un amour. Ancienne porcelaine de Saxe.

251 — Petit groupe : Flore et Zéphyr. Ancienne porcelaine de Saxe.

252 — Statuette de personnage debout, vêtu à l'orientale. Ancienne porcelaine de Saxe.

253 — Statuette de personnage debout, jouant du violon. Ancienne porcelaine de Saxe.

254 — Tasse et soucoupe, décor de fleurs. Ancienne porcelaine de Saxe.

255 — Coupe décorée de fleurs. Ancienne porcelaine de Saxe.

256 — Compotier décoré de fleurs. Ancienne porcelaine de Saxe. Monture en cuivre doré.

257 — Six petits pots à crème avec couvercles, décorés de fleurs. Ancienne porcelaine de Paris.

258 — SUCRIER sur plateau fixe et avec couvercle, décor de fleurs. Ancienne porcelaine de la manufacture du duc d'Angoulême.

259 — ÉCUELLE avec couvercle et plateau, décorée de médaillons et guirlandes sur fond jaune clair. Porcelaine du commencement du XIXe siècle. 150

260 — PETIT VASE, en ancien biscuit de Mennecy.

261 — PETIT VASE décoré de fleurs. Ancienne porcelaine tendre de Mennecy.

262 — MOUTARDIER avec couvercle, sur plateau fixe, décoré de fleurs. Ancienne porcelaine tendre de Mennecy. 360

263 — ÉCUELLE avec couvercle et plateau, décorée de feuillages et de fines cannelures. Bouton de couvercle en forme de fleur. Ancienne porcelaine tendre de Mennecy. 1.200 Jansen

264 — PETITE BOITE en forme de chat. Ancienne porcelaine tendre de Chantilly.

265 — PETITE THÉIÈRE avec couvercle, décorée de guirlandes de fleurs et d'oiseaux. Ancienne porcelaine tendre de Sèvres. 500

266 — SOUCOUPE ornée d'un enfant endormi. Ancienne porcelaine tendre de Sèvres.

267 — PETIT PLATEAU rectangulaire, décoré de deux oiseaux perchés sur un arbuste. Ancienne porcelaine tendre de Sèvres. 1.030 Houzeau

268 — TASSE à deux anses, décorée de corbeilles de fleurs et bandes à ornements dorés sur fond bleu. Ancienne porcelaine tendre de Sèvres. 115

269 — CONFITURIER à deux récipients avec couvercles, décor de fleurs et filets bleus. Ancienne porcelaine tendre de Sèvres. 180

270 — Tasse et soucoupe, décor de fleurs, attributs de musique et hachures bleues. Ancienne porcelaine tendre de Sèvres.

271 — Écritoire formée d'un porte-huilier en ancienne faïence de Sinceny à décor de fleurs et quadrillés.

272 — Deux vasques rondes variées en céramique à décor d'oiseaux, fleurs et insectes. Signées : *Bénard*.

MINIATURES — BOITES

273 — Miniature ovale : portrait d'homme en buste, en habit gros bleu. xviiie siècle.

274 — Petit dessin de forme ovale : jeune femme tenant une perruche. École de Klingstoedt.

275 — Miniature rectangulaire : le peintre et le modèle. École de Klingstoedt.

276 — Miniature rectangulaire : portrait de femme, à mi-corps, en corsage blanc décolleté. Époque Empire.

277 — Miniature ovale : portrait d'homme en buste, en habit gros bleu. Commencement du xixe siècle.

278 — Miniature ovale : portrait de femme en buste, vêtue d'un corsage noir, un collier de corail au cou. Commencement du xixe siècle.

279 — Miniature ovale : portrait d'homme en buste, en habit vert. Signée et datée : *Mademoiselle de Breval, 1812*.

280 — Miniature ronde : Léda et le cygne. Fond de paysage.

281 — Miniature ovale : jeune femme, vue à mi-corps, les épaules nues.

282 — Miniature ovale : jeune femme dans une chambre.

283 — Fixé de forme ronde : paysanne sur un cheval. Fond de paysage.

284 — Miniature ronde : jeune femme et amour portant une torche.

285 — Miniature ronde : portrait d'homme, vêtu de noir.

286 — Miniature ovale : portrait de femme en buste, vêtue de vert.

287 — Miniature ronde : jeune femme à mi-corps, un sein découvert. Fond de paysage.

288 — Miniature ovale : jeune femme tenant dans ses bras deux enfants nus.

289 — Petite miniature ovale : portrait de femme, un collier de corail au cou.

290 — Petite aquarelle de forme ronde : paysans dans la campagne.

291 — Médaillon rond, décoré au vernis : paysage animé.

292 — Fixé de forme ovale : paysage maritime.

293 — Miniature ronde : scène galante.

294 — Deux petits portraits de forme ronde : Georges IV, roi d'Angleterre, et Caroline, reine d'Angleterre.

295 — Miniature ovale : portrait de femme en corsage décolleté, enguirlandé de fleurs.

296 — Petit dessin rond : ébauche : tête de femme.

297 — MINIATURE ovale : portrait de jeune femme en buste, en corsage rougeâtre.

298 — MINIATURE ronde : jeune femme tenant des fleurs.

299 — FIXÉ de forme rectangulaire : la Route de Poissy.

300 — PETITE PEINTURE ovale, sur émail : Sacrifice à l'Amour.

301 — PETITE MINIATURE ovale : portrait de femme en buste, vêtue de blanc. Signée et datée.

302 — FIXÉ de forme ovale : vue d'Italie.

303 — MINIATURE ovale : portrait de femme à mi-corps, vêtue de violet avec fichu blanc.

304 — PEINTURE ovale, sur émail : amours et dauphins.

305 — MINIATURE ovale : Apollon et Daphné.

306 — MINIATURE ovale : portrait d'homme en costume Louis XIII.

307 — PETITE BOITE émaillée sur cuivre, fond jaune. XVIIIe siècle.

308 — BOITE ronde, en écaille brune incrustée et galonnée de cuivre, présentant sur le couvercle une peinture sur émail à sujet mythologique. XVIIIe siècle.

309 — ÉTUI cylindrique, décoré de fleurs, en ancien émail de Saxe.

310 — BOITE, décorée de personnages, en ancien émail sur cuivre.

311 — BOITE de forme contournée décorée de fleurs, fond rose, ancien émail sur cuivre.

312 — BOITE rectangulaire décorée de fleurs sur fond blanc, ancien émail sur cuivre.

313 — BOITE rectangulaire décorée de fleurs, fond bleu, ancien émail sur cuivre.

314 — PETITE BOITE ronde décorée d'un paysage animé, ancien émail sur cuivre.

315 — BOITE oblongue en ancien émail sur cuivre, fleurs sur fond bleu.

316 — BOITE ronde en écaille brune ornée d'une miniature : portrait de jeune fille vêtue de blanc. Commencement du XIXe siècle.

317 — BOITE ronde en écaille brune : portrait de jeune officier en buste. Commencement du XIXe siècle.

318 — ÉTUI cylindrique cannelé, décoré de fleurs, en émail sur cuivre.

319 — BOITE ronde en écaille brune : portrait de personnage portant la perruque et l'armure Louis XIV.

320 — BOITE ronde en racine ornée d'une miniature : Jupiter et Junon.

321 — BOITE ronde en écaille brune ornée de quatre petites grisailles.

322 — BOITE ronde en ivoire ornée d'une miniature : portrait de femme en bleu, avec monogramme exécuté en cheveux sur le dessous de la boite.

323 — BOITE ronde en écaille brune présentant une miniature : portrait d'un capucin.

324 — Boite ovale en écaille brune ornée d'une miniature : portrait de femme en buste portant un manteau noir.

325 — Petite boite forme coquille, en faïence.

326 — Boite ronde en serpentine, ornée d'un médaillon à sujet galant.

327 — Étui cylindrique, décoré au vernis : personnage et oiseau.

328 — Boite ronde en racine, ornée d'une miniature à sujet de style antique.

ÉVENTAILS

329 — Éventail du temps de Louis XV, à monture d'ivoire partiellement peint. Feuille à sujet de style antique.

330 — Éventail à monture de nacre partiellement dorée du temps de Louis XV, à sujet de style antique. Feuille en dentelle.

331 — Éventail du temps de Louis XV, à monture d'ivoire partiellement peint. Feuille à sujet galant dans un parc.

332 — Éventail à monture d'os. Sur la feuille, une femme jouant du luth. Époque Louis XV.

333 — Éventail en ivoire, décoré au vernis : l'Enlèvement d'Europe. XVIIIe siècle.

334 — Éventail à monture de nacre ajourée et dorée. Feuille peinte, ornée de deux vases encadrant un médaillon contenant des personnages jouant avec un chien. Époque Louis XVI.

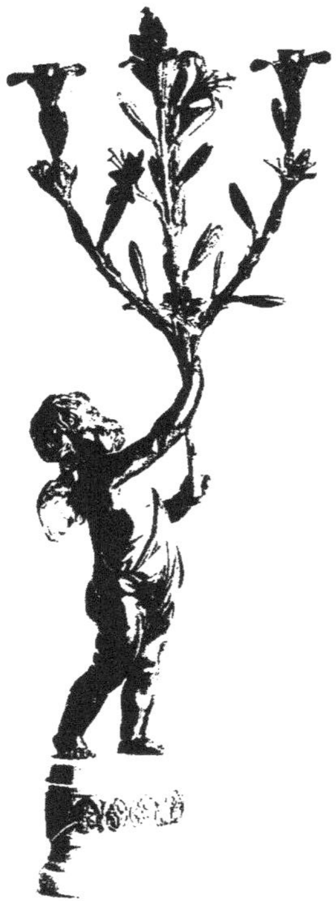

No 365

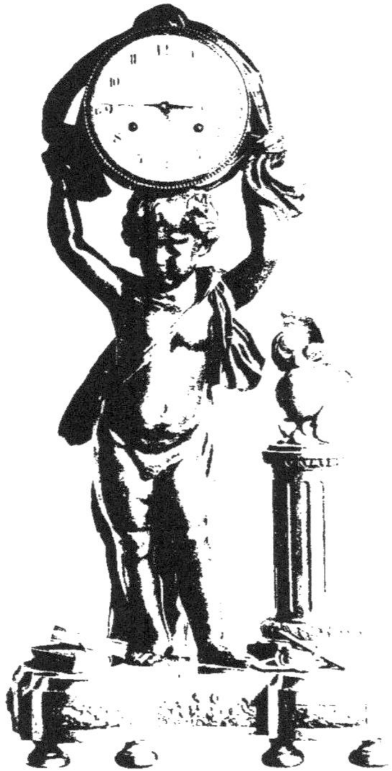

No 367

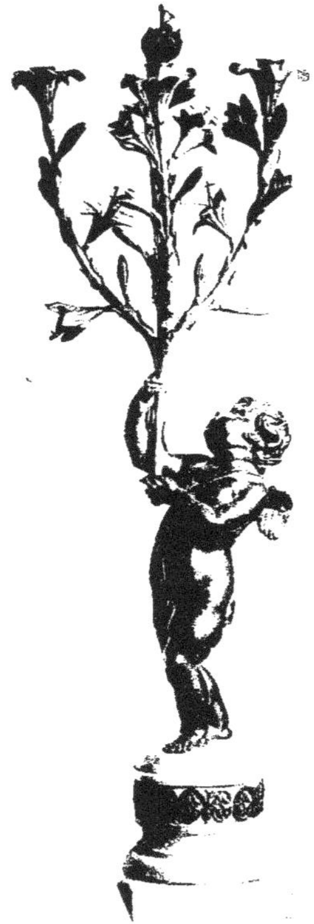

No 365

335 — Éventail à monture d'ivoire argenté. Feuille en étoffe peinte avec paillettes. Scène de sacrifice avec montgolfière dans les nuages. Époque Louis XVI.

336 — Éventail à monture de nacre. Feuille présentant de nombreux personnages.

337 — Éventail à monture d'os. Feuille à personnages.

338 — Éventail à monture d'écaille blonde. Feuille en point à l'aiguille : panier de fleurs, amours et attributs.

339 — Éventail à monture de nacre sculptée, à décor de médaillons contenant des bustes. Feuille en point à l'aiguille.

OBJETS DIVERS

340 — Montre du temps de Louis XV, à boitier d'argent, à sujet mythologique.

341 — Montre du temps de Louis XVI, à boitier d'or uni.

342 — Montre en cuivre, avec boitier en galuchat.

343 — Petit cadre de miniature, enrichi de strass.

344 — Deux peintures sur soie du xviie siècle, à sujets saints, dans un même encadrement.

345 — Trois pendulettes variées.

346 — Petit miroir à main, garni d'argent doré. Au revers, une grisaille.

347 — Buste en terre cuite, grandeur nature, d'enfant représenté de face. Piédouche en marbre.

348 — Jardinière ornée de figures de style antique. Terre cuite. Signée : *Chéret*.

349 — Cartel surmonté d'une lyre en bois doré. Genre Louis XVI.

350 — Baromètre-thermomètre orné de cornes d'abondance, en bois doré. Genre Louis XVI.

351 — Nécessaire en bois doré, contenant de nombreux ustensiles. Maison Mappin et Webb.

352 — Figurine de femme nue, tenant une amphore en ivoire. Signée : *Losson*.

353 — Petit bas-relief en ivoire : sujet relatif à Napoléon Ier.

354 — Figurine de femme nue, tenant une coupe, en ivoire.

355 — Figurine en ivoire, ouvrante, présentant François Ier.

356 — Petite boite, à compartiments superposés, en laque du Japon, à fond aventuriné.

357 — Grand groupe en ivoire du Japon, composé d'un personnage et de plusieurs enfants.

358 — Groupe en ivoire du Japon, représentant de nombreux enfants jouant avec un filet de pêche.

359 — Petite pagode en ivoire sculpté du Japon.

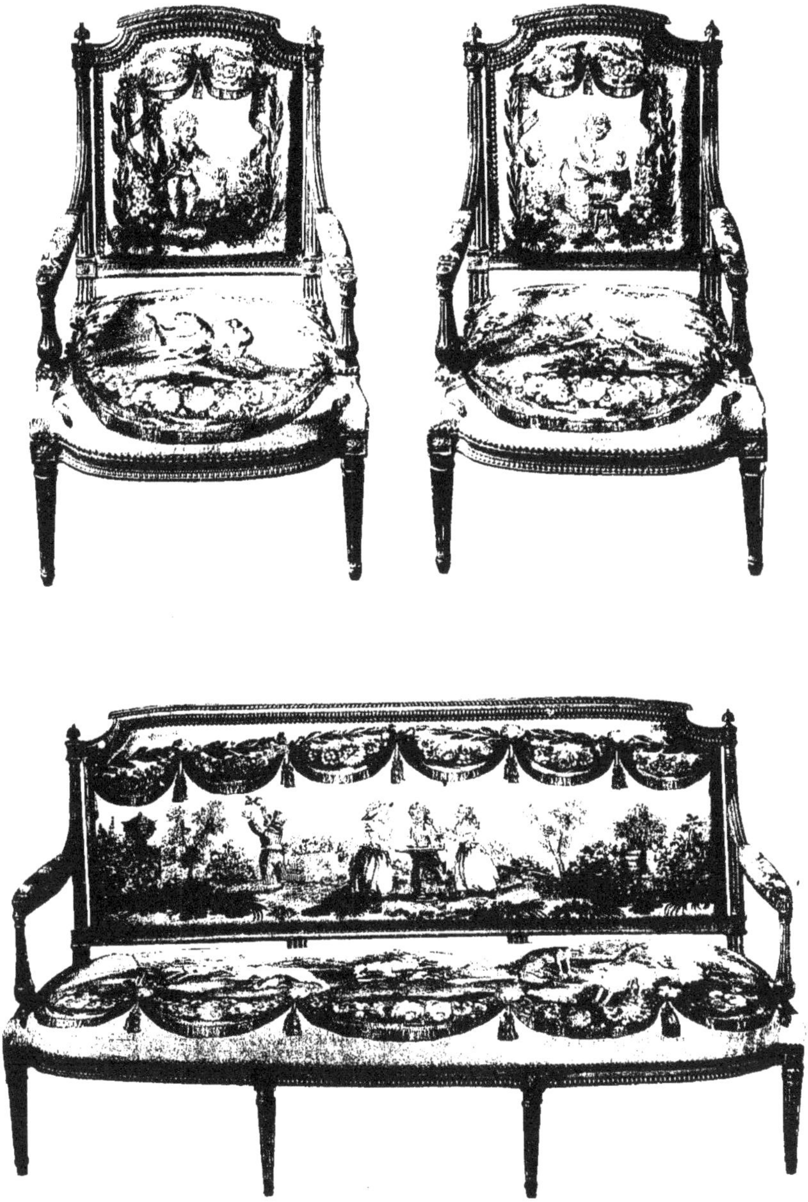

N° 382

PENDULES — BRONZES

360 — Petite pendule à mouvement de montre, simulant un arbuste sur base à rocailles, en bronze doré et métal verni, avec fleurettes de porcelaines diverses. Sur la base, se dresse une figurine de personnage debout, en ancienne porcelaine de Saxe. Époque Louis XV.

361 — Deux petits candélabres à deux lumières, en bronze, en partie du temps de Louis XVI, simulant chacun un arbuste à fleurettes de porcelaine et ornés chacun d'une statuette de personnage debout, en ancienne porcelaine de Saxe.

362 — Deux petits candélabres à deux lumières, composés chacun d'un tronc d'arbre, en ancienne porcelaine du Japon, sur lequel est perché un singe. Monture en bronze doré, simulant des branches.

363 — Pendule, à cadran tournant, en marbre blanc et bronze doré, composée d'une sphère contenant le mouvement et surmontée d'une figurine d'amour. Cette sphère repose sur fût de colonne cannelée, enguirlandée de fleurs. Époque Louis XVI.

Haut., 43 cent.

364 — Deux cassolettes en marbre blanc et bronze doré, portées par un trépied à têtes de satyres, avec tige centrale à torsades. Les têtes des satyres sont reliées par des chainettes, et leurs cornes, enroulées en spirale, s'appuyent sur l'épaulement de la cassolette. Époque Louis XVI.

Haut., 35 cent.

365 — Deux candélabres à trois lumières, composés chacun d'une statuette d'amour nu debout en bronze patiné. Ces amours tiennent un bouquet de lys servant de porte-lumières. Base en marbre blanc. Époque Louis XVI.

Haut., 98 cent.

366 — Pendule en marbre blanc et bronze doré, ornée d'une statuette de bacchante tenant une coupe et se penchant vers un amour debout sur les nuées. Frise ornée de griffons. Époque Louis XVI.

Haut., 35 cent. ; larg., 38 cent.

367 — Grande pendule en bronze patiné et doré : mouvement supporté par une statuette d'enfant nu debout qui le tient de ses deux bras surélevés au-dessus de sa tête. A côté de l'enfant, un fût de colonne cannelée portant une sphère enflammée. Base contournée ornée d'un tore de laurier et d'une frise de jeux d'enfants. Époque Louis XVI. Cadran signé : *Garelle aîné, à Paris.*

Haut., 89 cent.

368 — Deux flambeaux en bronze doré à tiges entourées de trois figures d'enfants nus.

369 — Quatre bras-appliques à trois lumières, en bronze, décorés de feuillages, guirlandes et vase de flamme. Disposés pour l'électricité.

370 — Deux bras-appliques à deux lumières, en bronze, à cariatides de femmes terminées par des feuillages.

371 — Deux chenets en bronze patiné et doré, ornés de lions couchés, et deux petits chenets décorés chacun d'une lyre en bronze.

372 — Deux petits chenets en bronze à galeries surmontées de deux vases.

373 — Deux chenets en bronze, ornés de sphynx fleurdelysés.

374 — Deux candélabres électriques à cinq lumières, en biscuit et bronze.

375 — Suspension en bronze, disposée pour l'électricité.

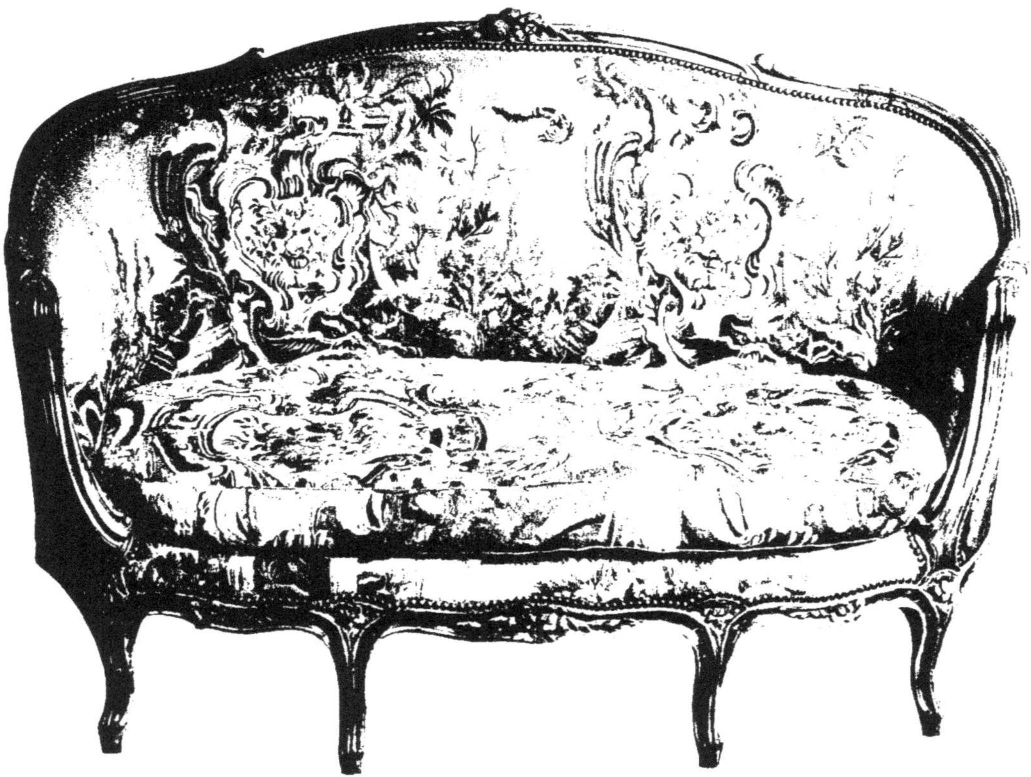

N° 383

HÉLIO LÉON MAROTTE

376 — GRAND LUSTRE en métal doré et peint, orné de nombreuses fleurettes de porcelaine. Il est disposé pour l'électricité.

377 — TROIS LUSTRES électriques en cuivre garnis de cristaux.

378 — LUSTRE électrique en bronze, modèle à torches et guirlandes de fleurs.

379 — LUSTRE électrique en bronze et cristaux, à nombreuses branches de lys.

380 — LUSTRE en bronze et céramique émaillé bleu, à six lumières.

381 — PLAFONNIER électrique en bronze et cristaux, forme corbeille.

MEUBLES GARNIS DE TAPISSERIE

382 — MEUBLE DE SALON en bois sculpté et doré, couvert en tapisserie d'Aubusson du temps de Louis XVI, présentant sur les dossiers de petits personnages entourés de fleurs et de draperies, et sur les sièges des animaux également entourés de guirlandes de fleurs et de draperies. Il se compose d'un canapé et de six fauteuils.

Largeur du canapé, 1 m. 95.

383 — CANAPÉ cintré en bois sculpté à fleurs, couvert en tapisserie, à décor de rocailles, vases, fleurs, oiseaux, cartouches, etc., sur fond jaune. Époque Louis XV.

Larg., 1 m. 53.

384 — ÉCRAN en bois sculpté : feuille en tapisserie du temps de Louis XV à sujet galant, avec encadrements de fleurs et rocailles et contrefond bleu damassé.

Hauteur de la feuille, 68 cent. ; larg., 56 cent.

385 — ÉCRAN en bois sculpté, à fleurs et feuillages : feuille en tapisserie, présentant le sujet : *le Renard et la Cigogne*, avec guirlandes de fleurs et coquilles. Époque Louis XV.

Hauteur de la feuille, 75 cent. ; larg., 55 cent.

386 — BERGÈRE en bois sculpté, à feuilles et cannelures, couverte en tapisserie à vases de fleurs et draperies sur fond blanc. Époque Louis XVI.

387 — ÉCRAN en bois sculpté et doré : feuille en tapisserie à vase de fleurs et rinceaux, en partie du temps de Louis XVI.

388 — BANQUETTE en bois sculpté et doré, couverte d'un fragment de bordure d'ancienne tapisserie à fleurs sur fond jaune.

389 — DEUX FAUTEUILS en bois sculpté, sièges et dossiers cannés : coussins et manchettes d'ancienne tapisserie.

SIÈGES

390 — TABOURET oblong, en bois sculpté et doré, à coquilles et quadrillés, du temps de la Régence. Il a été recouvert de damas bleu.

391 — DEUX CHAISES en bois sculpté et repeint gris, à fleurs, couvertes en satin bleu clair à fleurs. Époque Louis XV.

392 — DEUX FAUTEUILS en bois sculpté et repeint gris, à fleurs, couverts en satin bleu broché à fleurs. Époque Louis XV.

393 — CHAISE LONGUE en bois sculpté, à fleurs et moulures, recouverte en lampas à grands ramages sur fond rouge. Signée : *Nadal*. Époque Louis XV.

Long., 1 m. 80.

394 — FAUTEUIL en bois sculpté, à fleurs et moulures : siège et dossier cannés. Signé : *Cresson*. Coussin et manchettes en tapisserie au point à fleurs sur fond vert. Époque Louis XV.

N° 366

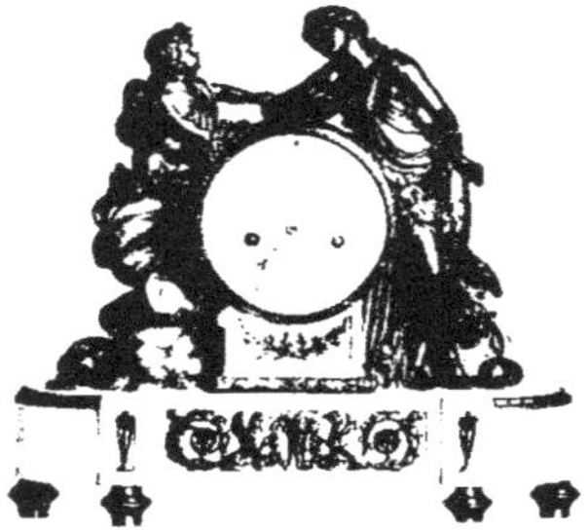

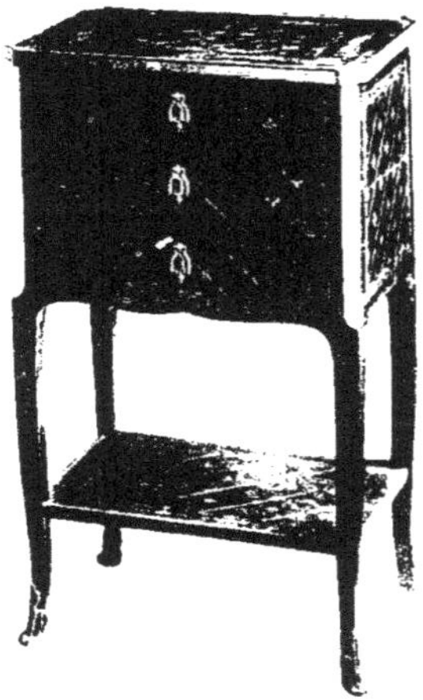

N° 407

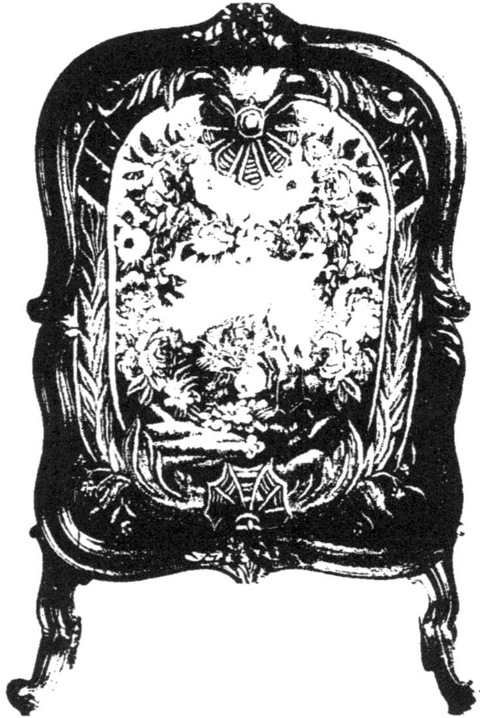

N° 385

HÉLIO LÉON MAROTTE

395 — Deux fauteuils en bois sculpté et peint blanc, couverts en tapisserie au point à fleurs sur fond blanc. Époque Louis XV.

396 — Bergère à joues, en bois sculpté, à fleurs et moulures, couverte en damas vert à grands ramages. Époque Louis XV.

397 — Deux fauteuils en bois sculpté; sièges et dossiers cannés. Genre Louis XVI.

398 — Fauteuil de bureau en bois sculpté, siège et dossier canné. Genre Louis XVI.

399 — Deux bergères à joues, en bois sculpté, de forme contournée, à fleurs et moulures, couvertes en satin crème broché à fleurs.

400 — Deux fauteuils et deux chaises en bois sculpté, peint gris et doré, couverts en damas crème.

401 — Fauteuil à coiffer, en bois sculpté et peint gris, couvert en damas crème.

402 — Bergère à joues, en bois sculpté, couverte en soie verte damassée et rayée jaune et rouge.

403 — Deux chaises à dossiers à lyre en bois sculpté et peint gris. Sièges couverts en damas bleu.

MEUBLES — PIANO

404 — Paravent à deux feuilles, composé de panneaux de cuir de Cordoue du xviie siècle, à palmettes et quadrillés.

405 — Table en bois de placage, à filets, avec tiroirs et tablettes sur toutes les faces. Époque Louis XV.

Long., 1 m. 25; larg., 70 cent.

406 — Secrétaire à abattant et portes en bois de placage. Tiroirs et casiers intérieurs. Dessus de marbre de couleur. Signé : *Delorme*. Époque Louis XV.

Haut., 1 m. 36 ; larg., 98 cent.

407 — Table-bureau de dame à quadrillés et fleurettes. Tablette d'entrejambes. Époque Louis XV.

Haut., 72 cent. ; larg., 43 cent.

408 — Table transformée en meuble à pupitre, en bois de violette, munie d'un écran à feuille de soie rayée et brochée. Époque Louis XV.

409 — Console en bois sculpté, ajouré et redoré, à décor de feuilles, rocailles et oiseaux ; dessus de marbre. Époque Louis XV.

410 — Glace dans un cadre en bois sculpté, repeint blanc et or, à décor de feuilles et rocailles. Époque Louis XV.

Haut., 1 m. 75 ; larg., 71 cent.

411 — Commode à trois rangs de tiroirs en marqueterie de bois de couleurs à filets, garnie de bronzes. Dessus de marbre. Signée : *Riesener*. Fin de l'époque Louis XV.

Larg., 1 m. 12.

412 — Commode à trois rangs de tiroirs, plaquée d'acajou et garnie de bronzes. Dessus de marbre blanc. Époque Louis XVI.

413 — Bibliothèque à deux portes vitrées, en bois de placage et marqueterie ; décor de vases. Époque Louis XVI.

Haut., 1 m. 92 ; larg., 1 m. 05.

414 — Table-coiffeuse en marqueterie de bois de couleurs, décorée, sur le dessus et le pourtour, de vases, d'ustensiles, de fleurs, etc., avec encadrements à filets. Elle contient des tiroirs et est munie sur le dessus de trois abattants. Signée : *Dester*. Époque Louis XVI.

Long., 92 cent. ; larg., 54 cent.

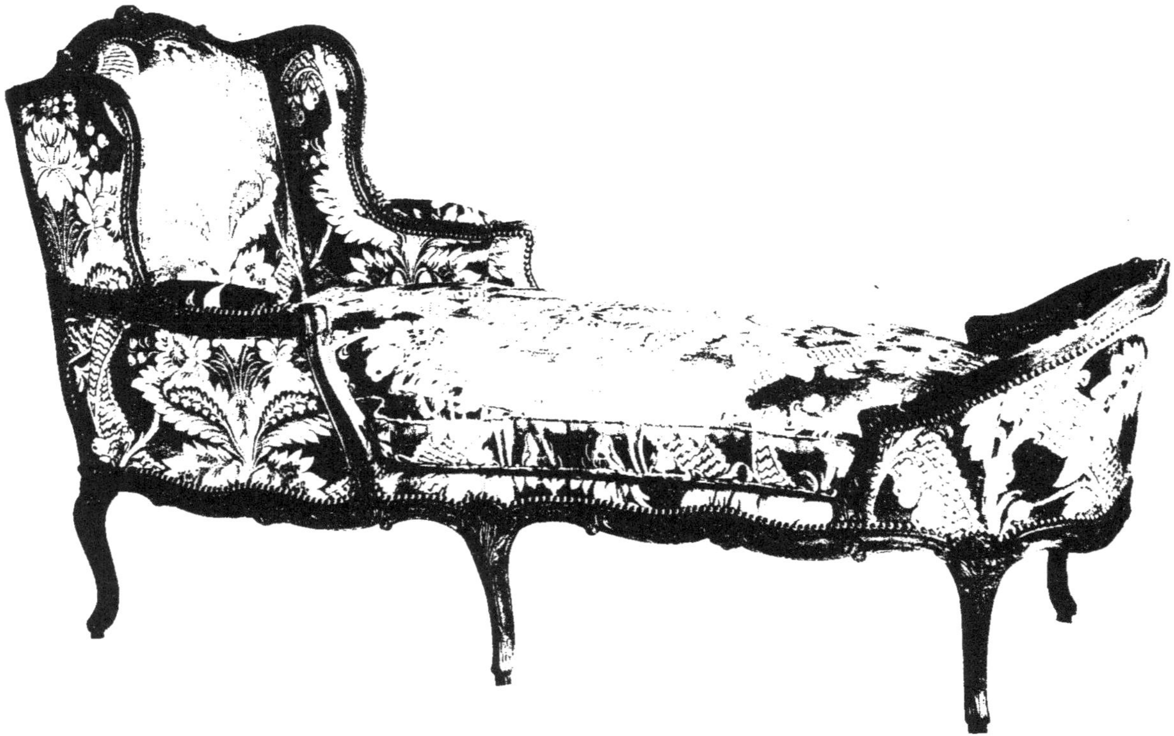

No 393

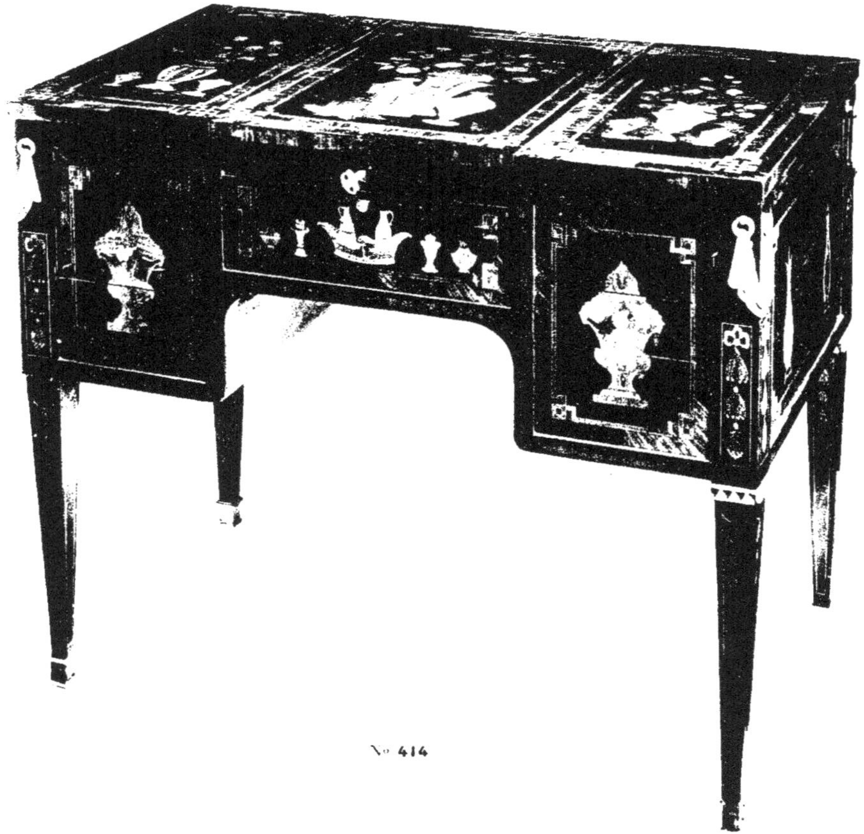

No 414

415 — Petit bureau à cylindre en bois de placage, contenant quatre tiroirs extérieurs, des casiers et un petit tiroir à l'intérieur. Encadrements, appliques, anneaux de tirage en bronze doré. Époque Louis XVI.

Haut., 87 cent.; larg., 1 m. 10.

416 — Lit de repos en bois sculpté et repeint gris à décor de moulures, cannelures et pommes de pin, couvert en damas bleu à grands ramages. Époque Louis XVI.

Larg., 2 mètres.

417 — Paravent à trois feuilles, garni d'ancienne soie brochée à dessin de draperies, ustensiles et vases de fleurs sur fond bleu armuré.

418 — Petit meuble-scriban à abattant, portes et tiroirs plaqué d'os gravé sur support en bois peint. Travail des colonies hollandaises.

419 — Guéridon rond, en bois de placage, sur quatre pieds; il est muni de deux tiroirs et de deux tablettes. Dessus de marbre noir. Commencement du XIXe siècle.

420 — Petite commode à deux tiroirs en marqueterie de bois de couleurs à fleurs. Garnitures de bronze, dessus de marbre. Genre Louis XV.

421 — Lit de milieu à deux places, en bois de placage, garni de bronzes. Genre Louis XV.

422 — Table de nuit et table de chevet assorties.

423 — Grande armoire à glaces à trois portes, assortie.

424 — Meuble à hauteur d'appui en bois de placage et marqueterie présentant l'ascension d'une montgolfière. Il ferme à deux portes et contient trois tiroirs. Dessus et étagères d'angle en marbre blanc. Genre Louis XVI.

425 — Table a jouer à abattant en marqueterie. Genre Louis XVI.

426 — Petite table à trois tiroirs avec tablette d'entrejambes, plaquée d'acajou, garnitures de cuivre. Dessus de marbre.

427 — Table tricoteuse en acajou, à deux tablettes.

428 — Petite commode à deux tiroirs, en marqueterie de bois de couleurs, à corbeille de fleurs, garnitures de bronze. Dessus de marbre.

429 — Meuble à hauteur d'appui à coulisse, portes et tiroirs en marqueterie de bois de couleurs à fleurs et cannelures simulées. Garnitures de bronze doré. Dessus de marbre.

430 — Table à jouer à volets, en bois de placage, garnie de bronzes.

431 — Petit guéridon étagère à plateau mobile, en bois de placage.

432 — Secrétaire à hauteur d'appui, à abattant et portes, en marqueterie de bois de couleurs, à décor de fleurs et attributs de musique. Dessus de marbre brèche d'Alep. Garnitures de bronze.

433 — Petit meuble bas, de forme demi-lune, en bois de placage, fermant à une porte et garni de bronzes. Dessus de marbre.

434 — Meuble vitré à hauteur d'appui, en bois de placage, fermant à une porte. Dessus de marbre.

435 — Petit meuble-étagère bas, en marqueterie de bois de couleurs, à encadrements, filets et étoiles.

436 — Table coiffeuse en marqueterie de bois de couleurs, à fleurs et rubans.

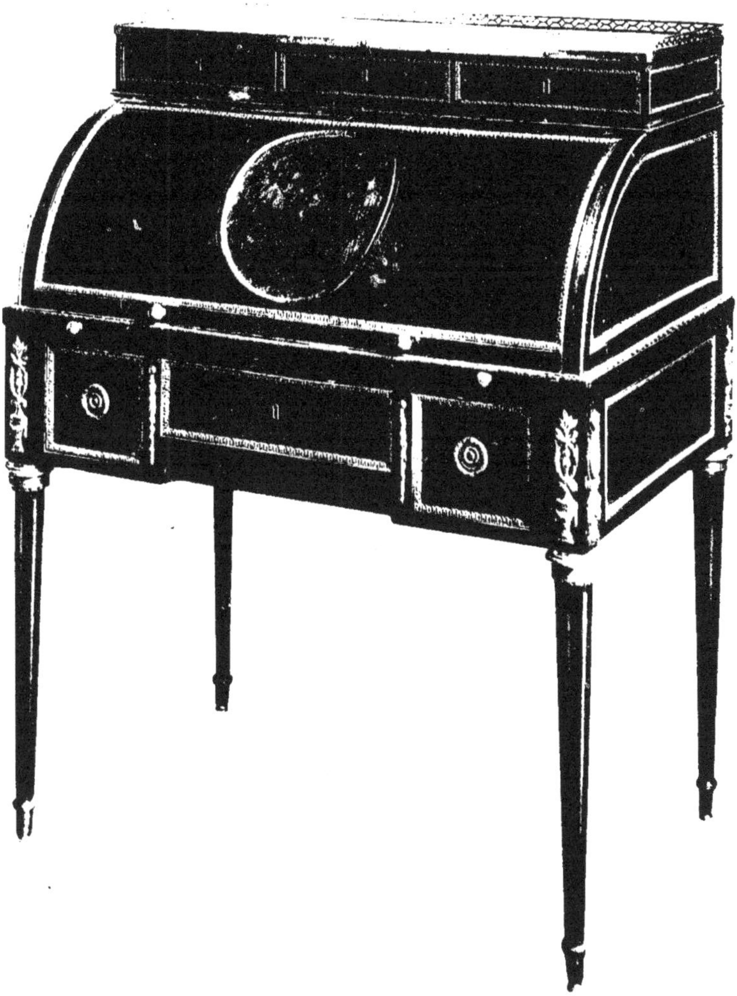

N° 415

437 — COMMODE, à trois rangs de tiroirs, en marqueterie de bois de couleurs, à filets et encadrements. Garnitures de bronze. Dessus de marbre blanc.

438 — ARMOIRE en bois sculpté et peint gris, à décor de fleurs, oiseaux et attributs, avec portes garnies de glaces biseautées.

439 — LIT DE REPOS en bois peint gris et or, dossier canné, coussin et garniture de damas crème.

440 — PARAVENT à trois feuilles, en bois sculpté et peint gris.

441 — TABLE COIFFEUSE, garnie de dentelle sur fond de satin rose.

442 — PETIT GUÉRIDON rond, à un tiroir, en bois de placage, avec tablette d'entrejambes.

443 — PETITE TABLE à trois tiroirs, plaquée d'acajou, dessus de marbre blanc, galerie de cuivre.

444 — PARAVENT à trois feuilles, en damas vieux rose, à fleurs et draperies.

445 — TABLE oblongue à un tiroir, en marqueterie de bois de couleurs, à décor d'enfants et attributs, garnitures de bronze, dessus de marbre veiné.

446 — PETITE BIBLIOTHÈQUE en bois de placage, le bas à portes pleines, dessus de marbre.

447 — SUPPORT bas, de forme ronde et sur trois pieds. Bois sculpté et doré, dessus de marbre.

448 — TABLE de salle à manger, carrée, sur pied sculpté.

449 — DIX CHAISES de salle à manger, en bois sculpté, sièges et dossiers cannés.

450 — Table-servante étagère, bois sculpté.

451 — Deux buffets à hauteur d'appui, à trois portes, en bois sculpté, dessus et dossiers de marbre de couleur.

452 — Vitrine plate, ovale, en bois de placage.

453 — Service a soda en métal, sur table-support en bois.

454 — Piano crapaud, de Rubenstein.

FOURRURES

455 — Manchon en vison.

456 — Manchon en loutre.

457 — Manchon en breitschwanz.

458 — Manchon en taupe.

459 — Manchon en zibeline.

460 — Étole et manchon en hermine.

461 — Étole en renard bleu.

462 — Manteau breitschwanz, avec col et parements chinchilla.

463 — Manteau vison.

464 — Manteau chinchilla.

465 — Manteau zibeline.

466 — MANTEAU hermine.

467 — COSTUME en taupe.

468 — COSTUME en loutre, garni skungs.

469 — MANTEAU satin rouge, brodé, avec col chinchilla.

470 — ÉTOLE zibeline, doublée fourrure, avec pattes et queues.

471 — DEUX PEAUX de zibeline.

472 — MANTEAU drap blanc, garni renard blanc.

DENTELLES

473 — ÉCHARPE en application

Long., 2 m. 70; larg., 65 cent.

474 — ÉCHARPE en application à dessin Empire.

Long., 2 m. 50, larg., 70 cent.

475 — VOLANT dentelle de fil.

Long., 2 m. 10; larg., 50 cent.

476 — LOT DE DENTELLES variées. Sera divisé.

477 — TROIS PETITS VOLANTS en point d'Angleterre.

Long. 70 cent.

478 — TAPIS de table en filet et guipure.

479 — LOT de voilettes blanches et noires variées.

ÉTOFFES — TAPISSERIES

TAPIS

480 — Dessus de piano en ancienne soie verte brochée à fleurs, avec large bordure d'ancien brocart.

481 — Lot de coussins variés. Seront divisés.

482 — Couverture en satin bleu et dentelle, avec bordure de chinchilla.

483 — Tapisserie verdure avec oiseaux et habitations : bordure de fleurs, rinceaux et armoiries. Flandres, xviiie siècle.

Haut., 2 m. 60 ; larg., 1 m. 85.

484 — Tapisserie présentant une chasse de Diane. Fond de verdure. Bordure de fleurs et oiseaux, xviiie siècle.

Haut. environ, 3 mètres ; larg. environ, 2 m. 20.

485 — Tapisserie verdure, oiseaux et habitations. Bordure de fleurs, rinceaux, corbeilles et vases. Flandres, xviiie siècle.

Haut., 2 m. 40 ; larg., 2 m. 80.

486 — Tapisserie verdure avec oiseau et kiosque. Bordure simulant un cadre. Aubusson, xviiie siècle.

Haut., 2 m. 40 ; larg., 2 m. 50.

487 — Panneau en tapisserie du xviiie siècle, présentant deux personnages de style antique, chassant dans la campagne.

Haut., 2 m. 25 ; larg., 1 m. 45.

488 — Tapisserie verdure avec bordure à fleurs, xviiie siècle.

Haut., 2 m. 45 ; larg., 1 m. 20.

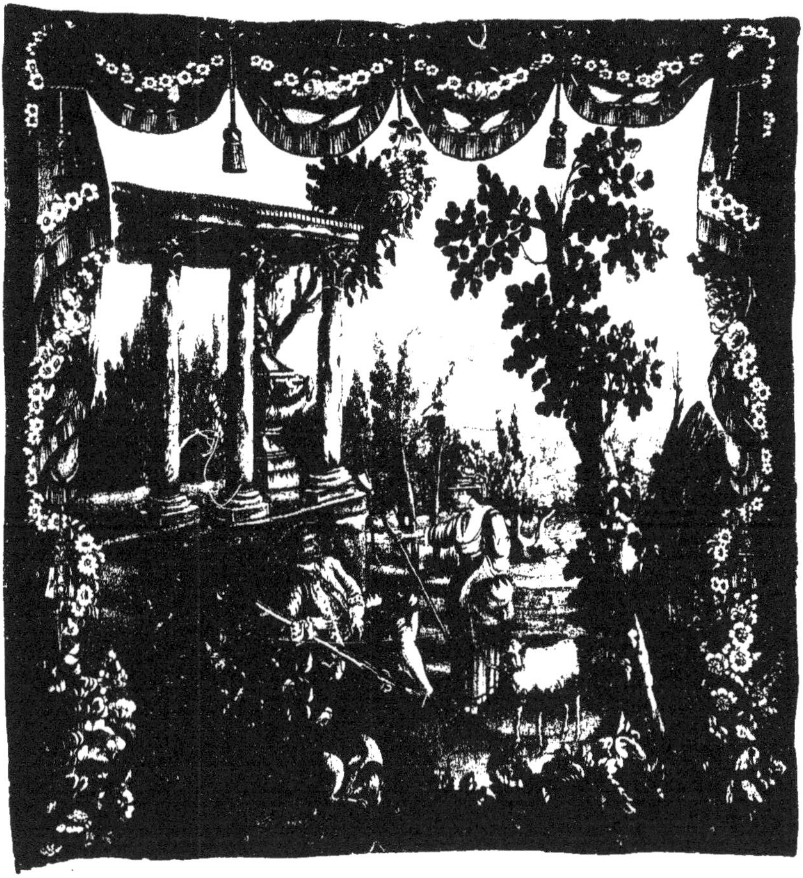

N° 489

489 — Tapisserie d'Aubusson du temps de Louis XV, présentant une jeune bergère causant avec un chasseur assis près d'un motif d'architecture. Fond de paysage, encadrement de fleurs et de draperies.

Haut., 1 m. 30; larg., 2 m. 25.

490 — Cantonnière composée d'une bordure de tapisserie flamande du xviiie siècle, à décor de fleurs, vases, etc.

Haut., 3 m. 15; larg., 1 m. 80.

491 — Cantonnière composée d'une bordure de tapisserie flamande du xviiie siècle, présentant, sur fond jaune, des guirlandes de fleurs, des amours et des rinceaux.

Haut., 3 m. 10; larg., 2 m. 70.

492 — Tapis velouté d'Orient à dessin d'arabesques sur fond rouge.

493 — Petit tapis de prières présentant un arceau abritant un vase de fleurs. Ancien travail oriental.

494 — Tapis oriental à motifs géométriques sur fond gros bleu.

Long., 3 m. 90; larg., 1 m. 55.

495 — Tapis chemin oriental, à fond rouge, bordure à fond blanc.

Long., 6 m. 75; larg., 1 m. 15.

496-505 — Dix carpettes.

www.ingramcontent.com/pod-product-compliance
Ingram Content Group UK Ltd.
Pitfield, Milton Keynes, MK11 3LW, UK
UKHW031941260826
14628UKWH00004B/1781